いい音みつけて
ともだち！リコーダー

目 次

- ▶「リコーダー」という名前 …………… 2
- ▶ リコーダーのなかま ………………… 2
- ▶ リコーダーのしくみ ………………… 3
- ▶ 音あなのとじ方 ……………………… 4
- ▶ 右手の親指のあて方 ………………… 5
- ▶ くちびるのあて方 …………………… 5
- ▶ リコーダーのささえ方 ……………… 6
- ▶ シのささえ方 ………………………… 7
- ▶ タンギング …………………………… 8
- ▶ 息づかい ……………………………… 9
- ▶ 音のひびかせ方 ……………………… 10
- シの音をふこう ………………………… 11
- ラの音をふこう ………………………… 12
  - ♪ また あそぼ ……………………… 13
- ソの音をふこう ………………………… 14
  - ♪ きれいな ソラシ／ソラシのワルツ … 15
- ド̄の音をふこう ………………………… 16
  - ♪ 坂 道 …………………………… 16
  - ♪ 吹けるぞソラシド ……………… 17
  - ♪ ソラシド・マーチ ……………… 18
- レ̄の音をふこう ………………………… 20
  - ♪ カノン …………………………… 20
  - ♪ さよなら／メイ ワルツ ………… 21
- ファの音をふこう ……………………… 22
  - ♪ 月の光／ララバイ ……………… 23
- ミの音をふこう ………………………… 24
  - ♪ うさぎのしっぽ ………………… 24
  - ♪ エーデルワイス ………………… 25
- レの音をふこう ………………………… 26
  - ♪ たなばたさま／ゆかいな牧場 … 27
- ドの音をふこう ………………………… 28
  - ♪ 赤いやねの家 …………………… 29
- ▶ いろいろなふき方 …………………… 30
  - ♪ 陽気な船長 ……………………… 32
  - ♪ 笛ふきたちの行進 ……………… 33
- ▶ サミング ……………………………… 34
- ミ̄の音をふこう ………………………… 35
  - ♪ つりがね草 ……………………… 36
  - ♪ 耳をすまそう …………………… 36
- ファ̄とソ̄の音をふこう ………………… 38
  - ♪ ハッピー バースデイ トゥ ユー … 39
  - ♪ 失われた歌 ……………………… 39
- ファ♯の音をふこう …………………… 40
  - ♪ 山の朝 …………………………… 40
  - ♪ かっこう／四季の歌 …………… 41
- シ♭の音をふこう ……………………… 42
  - ♪ そりすべり ……………………… 42
  - ♪ ふるさと ………………………… 43
- ド♯の音をふこう ……………………… 44
  - ♪ サラバンド ……………………… 44
  - ♪ 一人の手 ………………………… 45
- ソ♯(ラ♭)の音をふこう ……………… 46
  - ♪ そよ風のデュエット …………… 46
  - ♪ 思い出 …………………………… 47
  - ♪ メヌエット ……………………… 48

「リコーダー」という名前

昔，イギリスでは小さな笛で小鳥たちに歌を教えていました。そこで，この笛に「小鳥のように歌う笛」を意味する「リコーダー（recorder）」という名前を付けました。

みなさんも小鳥が歌っているような美しい音で演奏できるように，リコーダーと友だちになりましょう。

リコーダーのなかま

みなさんが学習する「ソプラノ」のほかにも，いろいろな大きさのリコーダーがあります。

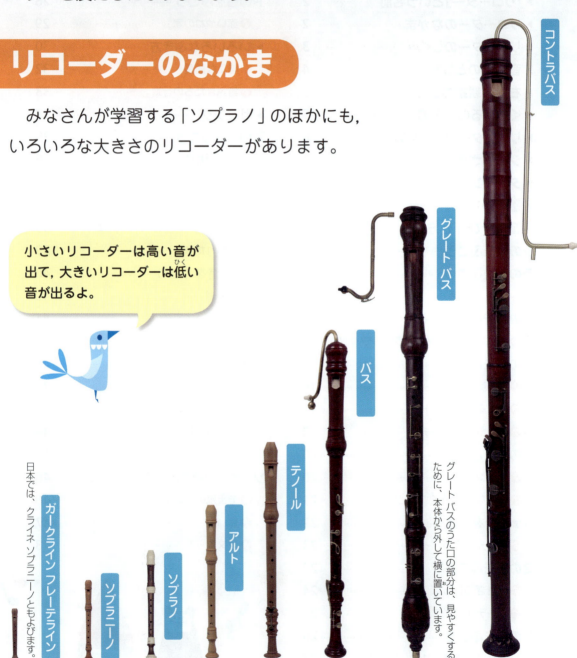

小さいリコーダーは高い音が出て，大きいリコーダーは低い音が出るよ。

日本では、クライネ ソプラニーノともよびます。

ガークライン フレーテライン
ソプラニーノ
ソプラノ
アルト
テノール
バス
グレートバス
コントラバス

グレートバスのうた口の部分は、見やすくするために、本体から外して横に置いています。

リコーダーのしくみ

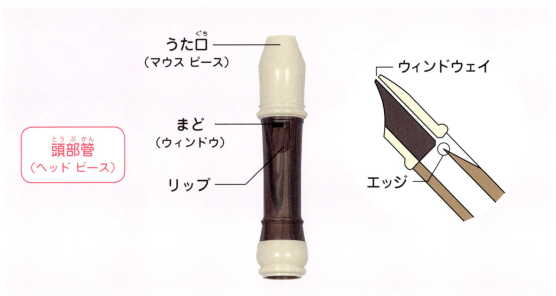

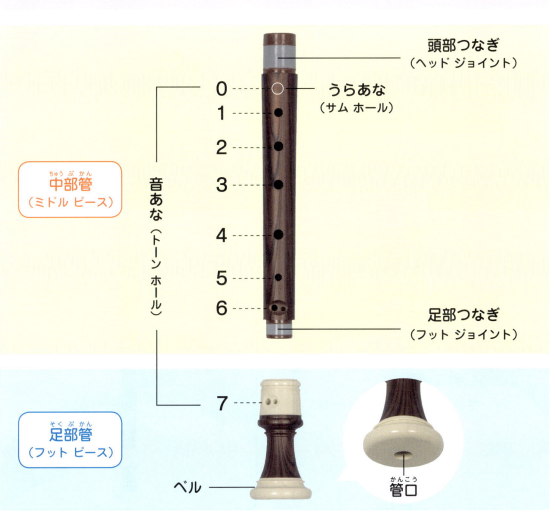

音あなのとじ方

音あなを，
0→1→2→3→4→5→6→7
の順番で，指のはらでそっとふれ
てとじましょう。

⭐ 指のはらで音あなを
なでて，位置をたし
かめながら，すきま
ができないようにと
じましょう。

指のはら

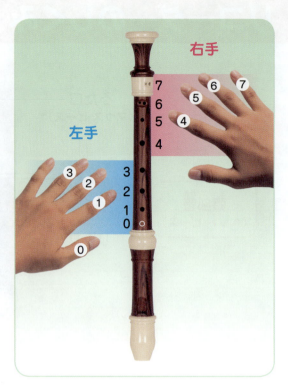
右手
左手

⭐ 音あなから指をはなすときは，指を
高く上げすぎないようにしましょう。

7の音あなは，右手の小指の長さに合わせて，
足部管を回転して動かし，位置を調整します。

上から見たところ	うらがわから見たところ

右手の親指のあて方

　右手の親指は，**人さし指**④と**中指**⑤で
三角形になる位置にあてましょう。

右手の親指に力が入りすぎないように気をつけよう。

中指⑤のうらがわの位置にあてることもあります。

くちびるのあて方

　うた口の先を下くちびるにそっとのせて，
上くちびるでやわらかくつつむようにあてましょう。

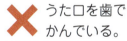
❌ うた口を歯でかんでいる。

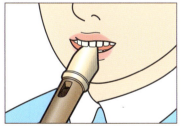

❌ くちびるに力が入っている。

リコーダーのささえ方

Point バランスよくささえるために

1. 下くちびる
2. 左手の中指
3. 右手の親指

これらの3点でリコーダーをささえることが大切です。

シ のささえ方

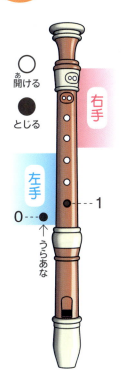

シ は、左手の親指 ⓪ と人さし指 ① で音あなをとじましょう。

●のあたりで音あなをとじる。

タンギング

「tu（トゥ）」と言うときのような舌の動きを使って、音を出したり止めたりすることを「タンギング」といいます。

1 ないしょ話をするときのように「tu＿」と言いながら、息を出したり止めたりしてみましょう。

⭐ 舌を上の歯や歯ぐきのうらがわにあてて息の流れを止めます。

2 シの音を「tu＿」とふいて、「(t)」で音を止めてみましょう。

⭐ 舌の先が、リコーダーのうた口にふれないように気をつけましょう。

舌の動きと息の流れ

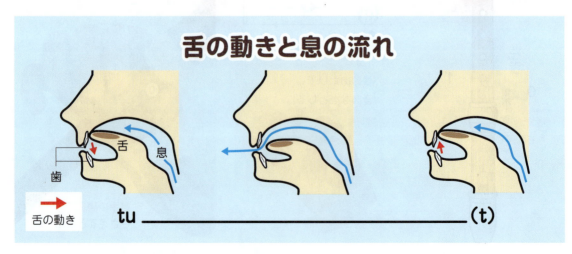

Point 低い音と高い音をふくためには

「to」のタンギング

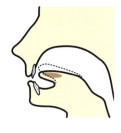

「to（ト）」と言ったときには，口の中が広くなるため，息の流れがゆるやかになり，低い音が出しやすくなります。

⭐ 下あごが下がらないように気をつけましょう。

「tyu/ti」のタンギング

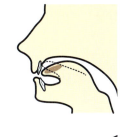

「tyu（テュ）」または「ti（ティ）」と言ったときには，口の中がせまくなるため，息の流れが速くなり，高い音が出しやすくなります。

「tu」のタンギング

ホースから流れる水は，息の流れを表しているよ。「tu」のタンギングとくらべて，「to」と「tyu/ti」のタンギングの息の流れはどうなっているかな？

息づかい

しゃぼん玉を作るように，やさしく息を出してふいてみましょう。

⭐ 音を長くのばすときは，大きなしゃぼん玉を作るように，息を一定にたもって長く出してふいてみましょう。

⭐ ふくらんでいくしゃぼん玉を見るように，リコーダーの音を心の目で見るイメージで，きれいな音をつくりましょう。

音のひびかせ方

リコーダーはふけば音が出る楽器ですが、歌うときと同じように、頭や鼻、口、のど、胸など、自分の体に音をひびかせることが大切です。

- ハミングしたときの音のひびきを感じてみましょう。

- 右の図のように、息を上あごや頭にあてる感じを思いうかべながら、リコーダーの音をひびかせてみましょう。

⭐ いきおいよく息を出さないように気をつけましょう。

- ベルを右手の親指と中指でささえ、管口を人さし指でとじて音を出してみましょう。

リコーダーからはね返ってくる音が、自分の鼻や口、胸などにひびいていることに気がついたかな？みんなの体も、弦の音をゆたかにひびかせるバイオリンの胴体と同じようなはたらきをするよ。

Point リコーダーで演奏する前に

1 歌詞で歌ってみましょう。　2 ハミングで歌ってみましょう。

⭐ 歌詞のない曲は、階名で歌ってみましょう。

シ の音をふこう

シ

左手
⓪, ①

1. シ の音をハミングで歌いましょう。
2. シ の音を「tu」で歌いましょう。
3. タンギングと息づかいに気をつけながら, シ の音をふきましょう。

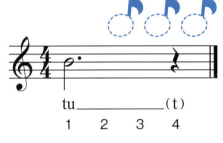

tu_____(t)
1　2　3　4

先生や友だちにきいてもらい, うまくできたら ○ を ♩ にしましょう。

★ 練習 でも, ハミングと「tu」で歌ってからふいてみましょう。

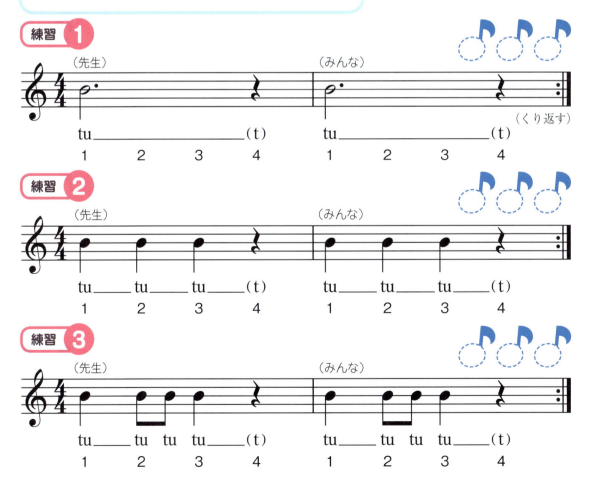

練習 1
（先生）　　　　　　　　　（みんな）
tu_____(t)　　tu_____(t)
1　2　3　4　　　1　2　3　4
（くり返す）

練習 2
（先生）　　　　　　　　　（みんな）
tu___ tu___ tu___(t)　tu___ tu___ tu___(t)
1　2　3　4　　　1　2　3　4

練習 3
（先生）　　　　　　　　　（みんな）
tu___ tu tu tu___(t)　tu___ tu tu tu___(t)
1　2　3　4　　　1　2　3　4

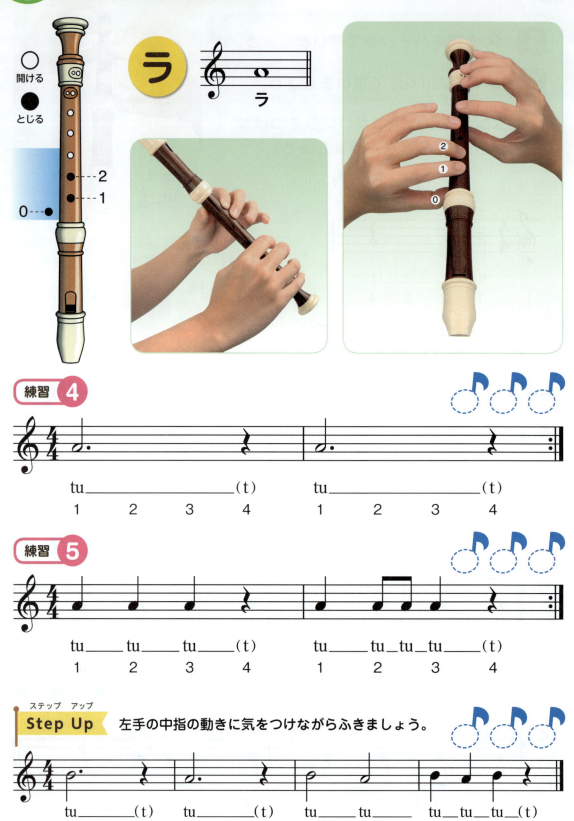

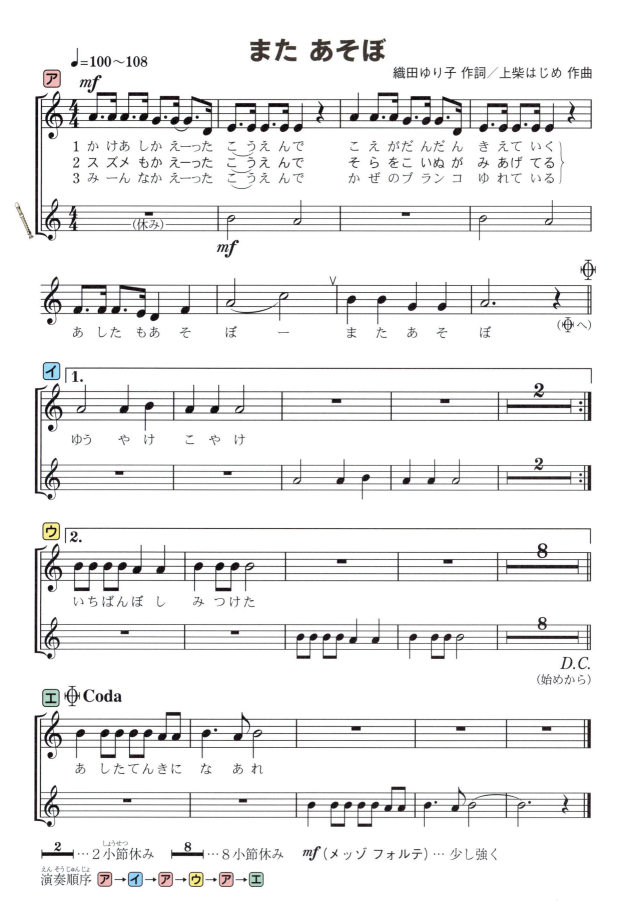

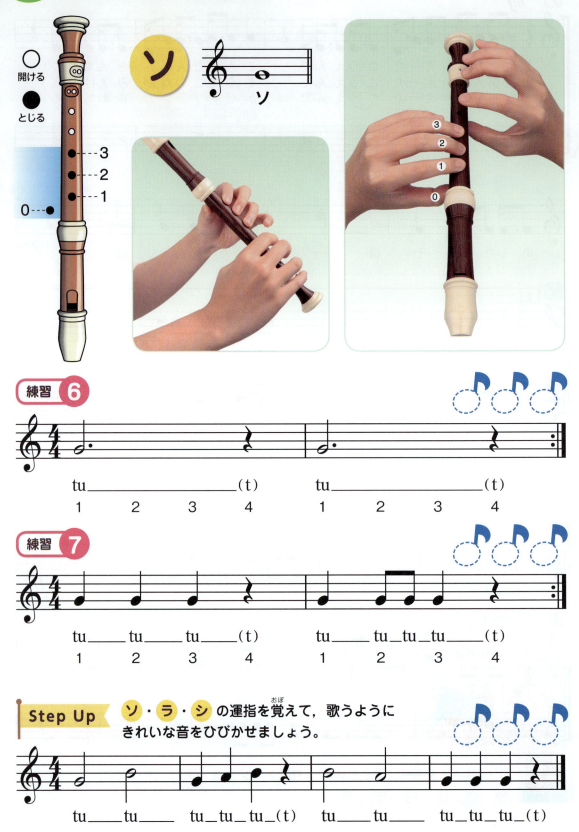

きれいな ソラシ

吉澤 実 作詞・作曲

(シラソ ソラシ シラソラシ シラソ ソラシ きれいだな)

mp（メッゾ ピアノ）… 少し弱く

ソラシのワルツ

廣瀬量平 作曲

ワルツをおどるように，3拍子を感じながら演奏しよう。

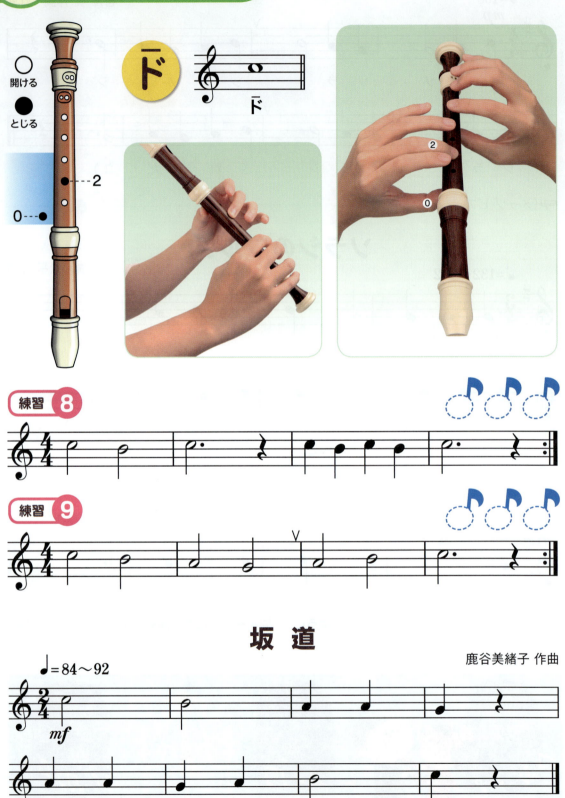

吹けるぞソラシド

おうちやすゆき 作詞／菊地雅春 作曲

演奏順序 ア→イ→ア

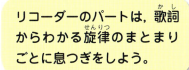

ファの音をふこう

バロック式

○ 開ける
● とじる

ファ

ジャーマン式

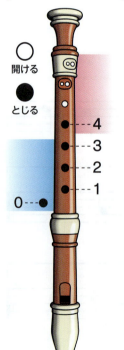

○ 開ける
● とじる

ファ

ミの音をふこう

ミ・レ・ド の音は「to」のタンギングを使って、やわらかい音でひびかせよう。 →9ページ

練習 12

うさぎのしっぽ

イギリス民謡

レの音をふこう

 # たなばたさま

下総皖一 作曲

ゆかいな牧場

アメリカ民謡

ドの音をふこう

練習 15

Step Up 24ページの 練習 12 といっしょにふいてみましょう。

練習 16

赤いやねの家

織田ゆり子 作詞／上柴はじめ 作曲

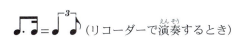(リコーダーで演奏するとき)

いろいろなふき方

● 「かっこう」を歌ってみましょう。

小林純一 日本語詞／ドイツ民謡

● 歌うときと同じように、「かっこう」をリコーダーで演奏してみましょう。

Check 1　"かっこう"のふき方

"かっこう"の言葉の感じを，歌うときのようにリコーダーで表現してみると…

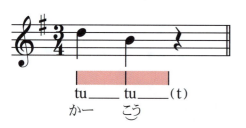
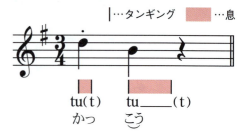

それぞれの息の長さはどうなっていますか？

息を短くしてタンギングをすることにより，"かっ"をはずむような感じで演奏することができます。　➡ **スタッカート**

Check 2　"しずかに"からのふき方

1 タンギングをするごとに，舌で息の流れを止めて演奏してみましょう。

➡ **ノン レガート**

2 息の流れを止めずにタンギングをしてみましょう。

➡ **ポルタート**

「ノン レガート」と「ポルタート」で演奏したときでは，息の長さや"しずかに"の言葉の感じにどのようなちがいがありますか？

Check 3　"かあさん"のふき方

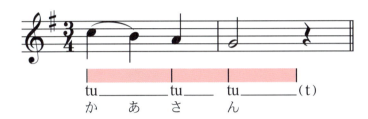

"かあ"のところを，タンギングをしないでなめらかに演奏してみましょう。

➡ **レガート**

"かあさん"の言葉の感じを，歌うときと同じようにリコーダーで表現できましたか？

♪ **ふき方のまとめ** ♪

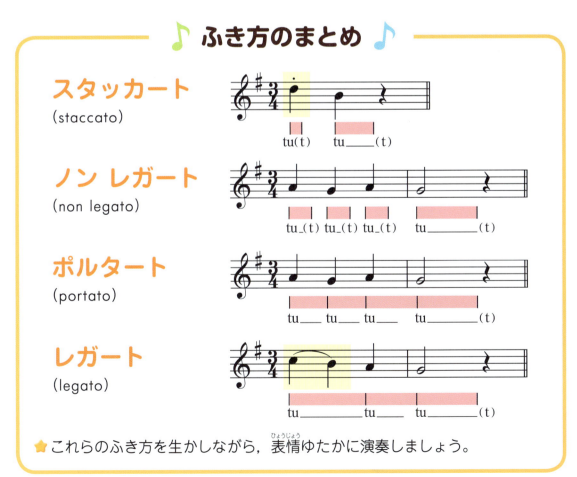

★ これらのふき方を生かしながら，表情(ひょうじょう)ゆたかに演奏しましょう。

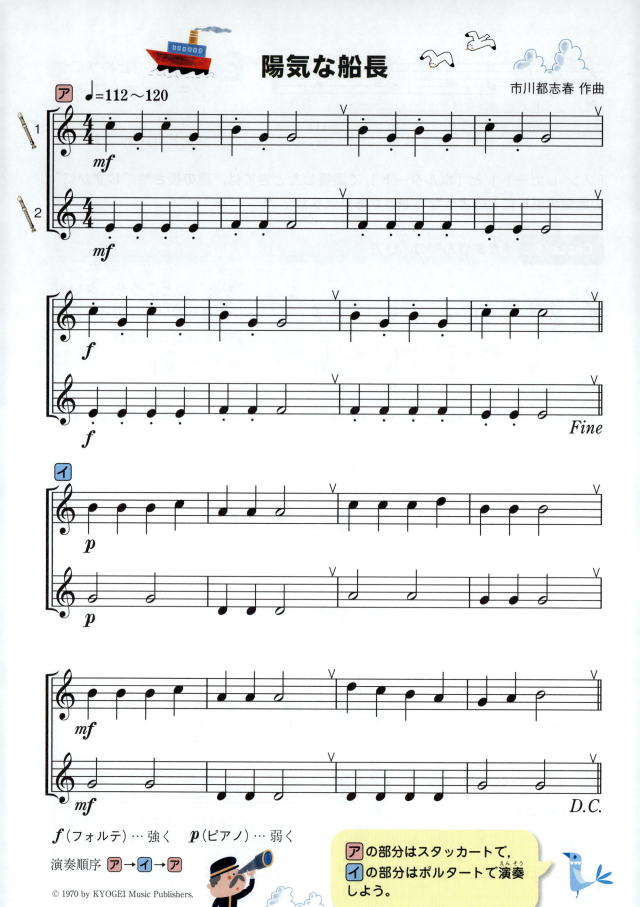

笛ふきたちの行進

廣瀬量平 作曲

演奏順序 ア→イ→ア

※の部分は，レガートとノン レガートで演奏しよう。

サミング

左手の親指の先で、うらあなを少し開けたり、とじたりすることを「サミング」といいます。ミから上の高い音は、サミングでふきます。

親指を少し曲げる

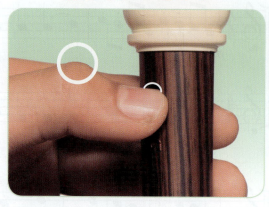

サミングには、2つの方法があります。

とじているとき

親指を下へずらす

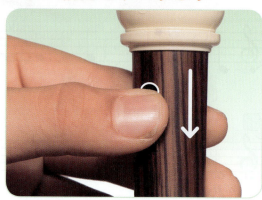

⭐ 親指に力が入りすぎないようにしましょう。
⭐ うらあなを開けすぎないようにしましょう。

音を合わせよう

音を合わせるためには、自分の音やみんなの音を、心の目で見ながらよくきくことが大切です。みんなの音を1点に集めるイメージで音を合わせてみましょう。

心の目で見ながら自分の音をよくきく → みんなの音を1点に集めるイメージで、心の目で見ながら音を合わせる → みんなで合わせた音が、1つのきれいな音になる

⭐ みんなで合わせた音も、心の目で見ながらよくきいて演奏しましょう。

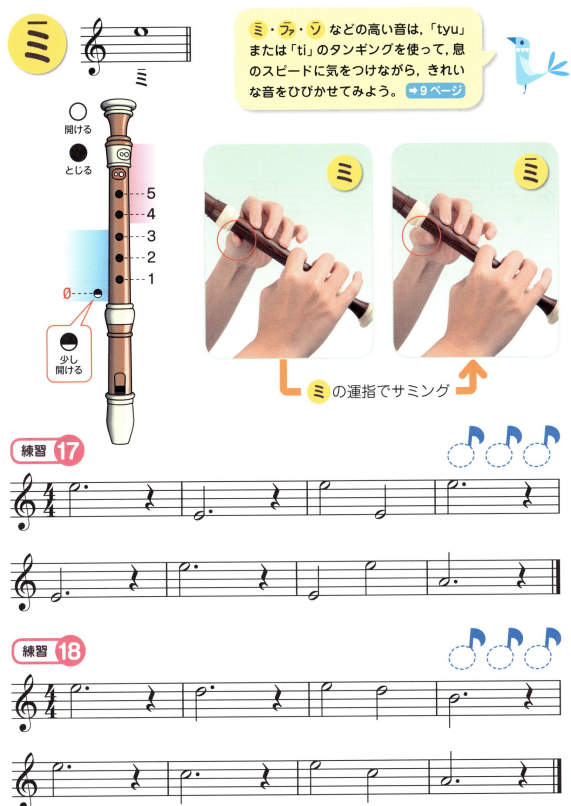

つりがね草

廣瀬量平 作曲

耳をすまそう

おうちやすゆき 作詞／菊地雅春 作曲

旋律のまとまりに気をつけながら、ポルタートでなめらかに演奏しよう。

ファとソの音をふこう

ファ

バロック式

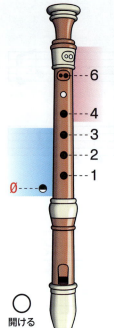

バロック式は、5，7の音あな以外をとじてサミング

ジャーマン式

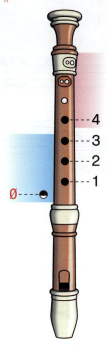

ジャーマン式は、ファの運指でサミング

 開ける
 とじる
 少し開ける

ソ

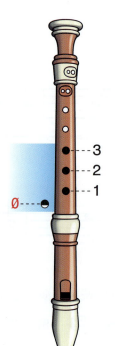

ソの運指でサミング

練習 19

練習 20

ハッピー バースデイ トゥ ユー

P.S. ヒル・M.J. ヒル 作曲

失われた歌

チャールズ チルトン 作曲／黒澤吉徳 編曲

（　）は２回目のとき

JACK WILLIAMS　New Words & Music by Charles Chilton
TRO- © Copyright 1963 by TRO ESSEX MUSIC LTD., London, England
Rights for Japan controlled by TRO Essex Japan Ltd.,Tokyo
Authorized for sale in Japan only

演奏順序　ア → ア → イ → ア

ファ♯ の音をふこう

バロック式

ジャーマン式

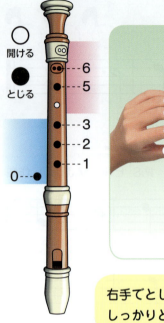

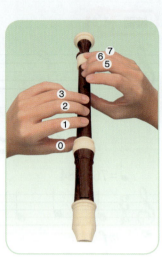

右手でとじる音あなをしっかりと覚えよう。

練習 21

山の朝 （輪唱・輪奏）

作詞・作曲者不明

♩=104～112　*mp*

1 やまのあさのそらにはに
2 もりのなかはしずかに

しろいくもがちいさばくの
とりのかげがあおばの

ながずれてきゅえれる

ふるさと

文部省唱歌／岡野貞一 作曲／佐井孝彰 編曲

シ♭の部分は，その前後の音でスムーズな指の運びができるようにしよう。また，2つのパートの音の重なりを楽しみながら，歌うときのように心をこめて演奏しよう。

ド♯の音をふこう

下くちびる，左手の中指，右手の親指の3点でリコーダーをささえていることを感じながら，ド♯の音をふいてみよう。　➡7ページ

練習 23

サラバンド

ヘンデル 作曲／長谷部匡俊 編曲

一人の手

ピート シーガー 作曲／飯沼信義 編曲

ONE MAN'S HANDS
Peter Seeger / Alexis Comfort
© Sanga Music Inc.
The rights for Japan licensed to Sony Music Publishing (Japan) Inc.

ゆったりとした3拍子(びょうし)を感じ取りながら,曲の雰囲気(ふんいき)を味わって演奏(えんそう)しよう。

45

ソ♯(ラ♭)の音をふこう

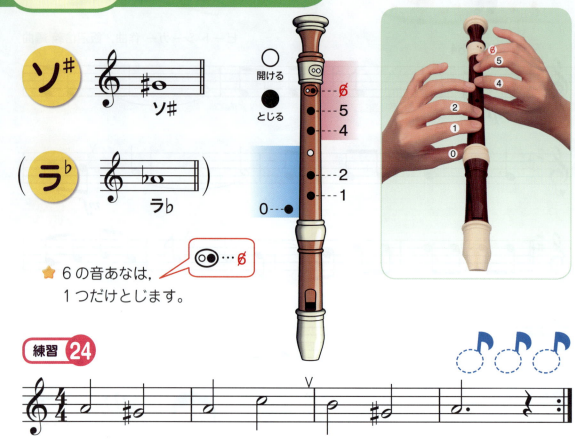

★ 6の音あなは、1つだけとじます。

練習 24

そよ風のデュエット

佐井孝彰 作曲

Fine